BEI GRIN MACHT SICH IHR WISSEN BEZAHLT

- Wir veröffentlichen Ihre Hausarbeit,
  Bachelor- und Masterarbeit

- Ihr eigenes eBook und Buch -
  weltweit in allen wichtigen Shops

- Verdienen Sie an jedem Verkauf

Jetzt bei www.GRIN.com hochladen und kostenlos publizieren

Bibliografische Information der Deutschen Nationalbibliothek:

Die Deutsche Bibliothek verzeichnet diese Publikation in der Deutschen National-
bibliografie; detaillierte bibliografische Daten sind im Internet über http://dnb.d-
nb.de/ abrufbar.

Impressum:

Copyright © 2017 GRIN Verlag
Druck und Bindung: Books on Demand GmbH, Norderstedt Germany
ISBN: 9783668650312

Dieses Buch bei GRIN:

https://www.grin.com/document/413679

Tara Schümchen

Trainingsplanung. Beweglichkeits- und Koordinationstraining

GRIN Verlag

GRIN - Your knowledge has value

Der GRIN Verlag publiziert seit 1998 wissenschaftliche Arbeiten von Studenten, Hochschullehrern und anderen Akademikern als eBook und gedrucktes Buch. Die Verlagswebsite www.grin.com ist die ideale Plattform zur Veröffentlichung von Hausarbeiten, Abschlussarbeiten, wissenschaftlichen Aufsätzen, Dissertationen und Fachbüchern.

Deutsche Hochschule für Prävention und Gesundheitsmanagement

Hermann Neuberger Sportschule 3

66123 Saarbrücken

Einsendeaufgabe

Fachmodul: Trainingslehre 3

Studiengang: Fitnessökonomie

Datum
Präsenzphase: 24.04.17-26.04.17

Name, Vorname: Schümchen, Tara

Studienort: **München**

Semester: **SS15**

Inhaltsverzeichnis

1 Personendaten

Tab. 1: Personendaten

Alter	30
Geschlecht	Männlich
Körpergröße	179cm
Körpergewicht	82kg
Trainingsmotive	Beweglichkeit erhöhen, Leistung steigern, Muskelqualität erhöhen, Verbesserung von eingeschränkter Muskelkontraktion;
Berufliche Tätigkeit	Selbstständig
Aktuelle sportliche Aktivitäten Frühere sportliche Aktivitäten	Aktuell: 1x pro Woche Bodybuilding, 1x die Woche EMS-Training Früher: Kickboxen, Bodybuilding
Allgemeiner Gesundheitszustand	Keinerlei Einschränkungen

2 Beweglichkeitstestung

2.1 Beweglichkeitstestung

Tab. 2: Beweglichkeitstest (nach Janda, 2002, S. 255)

Testübung	Ausführung	Bewertung	Ergebnis
M. pectoralis major	Der Proband nimmt eine Rückenlage auf der Behandlungsliege ein. Die Beine sind angewinkelt um das Becken zu fixieren; die Füße haben Kontakt mit der Auflagefläche. Der Tester fixiert leicht seinen Brustkorb mit der Hand/Unterarm in diagonaler Richtung von der zu	Stufe 0 = Oberarm erreicht Horizontale Stufe 1 = Oberarm erreicht Horizontale durch Druck des Testers Stufe 2 = Oberarm erreicht Horizontale auch durch Druck des Testers nicht	Rechts: 0 Links: 0

3

	testen- den Seite weg. Der zu testende Arm ist im Schultergelenk abduziert und außenrotiert sowie im Ellenbogengelenk in einem 90°-Beugewinkel. Als Messbereich gilt die Position des Oberarmes zur Horizontalen. Daher müssen Becken und Lendenwirbelsäule fixiert bleiben.		
M. iliopsoas	Der Proband nimmt eine Rückenlage auf der Behandlungsliege ein. Das Gesäß schließt mit dem Rand der Liege ab. Die Beine sind im Überhang. Der Proband zieht ein angewinkeltes Bein maximal weit zum Körper heran. Das andere Bein ist im Überhang. Der Tester beobachtet die Hüftflexion des freien Beines. Als Messbereich gilt die Position des Oberschenkels im Verhältnis zur Körperlängsachse (Hüftbeugewinkel. Becken und Lendenwirbelsäule müssen fixiert bleiben. Durch den Zug am angewinkelten Bein bis zur maximalen Hüftflexion werden Becken und LWS weitgehend stabilisiert.	Stufe 0 = Oberschenkel erreicht Horizontale Stufe 1 = Oberschenkel erreicht Horizontale durch Druck des Testers Stufe 2 = Oberschenkel erreicht Horizontale auch durch Druck des Testers nicht	Rechts: 1 Links: 1
M. rectus femoris	Der Proband nimmt eine Rückenlage auf der Behandlungsliege ein. Das Gesäß schließt mit dem Rand der	Stufe 0 = Unterschenkel hängt senkrecht herab Stufe 1 = Unterschenkel	Rechts: 1 Links: 1

4

	Liege ab. Die Beine sind im Überhang. Der Proband zieht ein angewinkeltes Bein maximal weit zum Körper heran. Das Gegenbein wird im maximal möglichen Hüftextensionswinkel durch den Tester fixiert. Nun wird dieses Bein durch den Tester in einen maximal möglichen Kniebeugewinkel geführt. Als Messbereich gilt der Winkel zwischen Ober- und Unterschenkel (Kniebeugewinkel).[1] Daher müssen Becken und Lendenwirbelsäule fixiert bleiben. Die Beugung im Kniegelenk darf nicht durch die Auflagefläche bzw. die Liege behindert werden.[1]	erreicht 90° im Kniegelenk durch Druck des Testers Stufe 2 = Unterschenkel erreicht 90° im Kniegelenk auch durch Druck des Testers nicht	
Mm. ischiocurales	Der Proband nimmt eine Rückenlage auf der Behandlungsliege ein. Das nicht getestete Bein ist im Hüft- und Kniegelenk gebeugt. Das zu testende Bein wird vom Tester bei gestrecktem Kniegelenk in die maximal mögliche Hüftflexion geführt. Als Messbereich gilt der Winkel zwischen Beinachse und Longitudinalachse (Hüftbeugewinkel).[1] Becken und Lendenwirbelsäule müssen fixiert bleiben. Ebenso muss das zu testende Bein unbedingt gestreckt bleiben.	Stufe 0 = Hüftflexion im Ausmaß von 90° möglich Stufe 1 = Hüftflexion im Ausmaß zwischen 80°-90° möglich Stufe 2 = Hüftflexion nur unter 80° möglich	Rechts: 1 Links: 2

5

	Das Gegenbein darf die Ausgangsposition nicht verlassen. [SEP]		
Mm. triceps surae	Der Proband nimmt eine Rückenlage auf der Behandlungsliege ein. Das nicht zu testende Bein steht gebeugt mit dem Fuß auf der Unterlage. Das zu testende Bein ist gestreckt. Die distale Hälfte des Unterschenkels ragt über das Ende der Liege hinaus. Mit einer Hand greift der Tester das Bein distal am Fersenbein. Die andere Hand ergreift den Fuß von der Fußaußenkante her. Der Tester übt einen Hauptzug an der Ferse aus und zieht distalwärts. Der Daumen der anderen Hand lenkt den Vorfuß mit leichtem achsengerechten Druck zum Schienbein hin (maximale Dorsalextension) Es reicht nicht aus, nur die Fußsohle zum Schienbein hin zu drücken. Entscheidend ist der zusätzliche Zug an der Ferse. [SEP]	Stufe 0 = Dorsalextension bis 0° möglich Stufe 1 = Dorsalextension möglich; 0° wird nicht ganz erreicht Stufe 2 = Dorsalextension nur bis 10° unter der 0° Stellung möglich	Rechts: 1 Links: 1

2.2 Bewertung und Interpretation Beweglichkeitstestung

Der Proband hat im Bereich des M. pectoriales major volle Beweglichkeit auf beiden Seiten. Bei allen anderen Testübungen sind klare Defizite in der Beweglichkeit zu erkennen (meistens Stufe 1). Diese Defizite lassen sich durch das seltene Dehnen des Probanden erklären. Das größte Beweglichkeitsdefizit befindet sich in der Ischiocurales-Muskulatur. Grundsätzlich ist zu sagen, dass der Proband ein Ganz-Körper-Beweglichkeitstraining absolvieren sollte um diese Defizite auszugleichen.

3 Trainingsplanung Beweglichkeitstraining

3.1 Trainingsplanung Beweglichkeitstraining

Tab. 3: Beweglichkeitstraining

Zielmuskulatur	Art der Dehnung	Ausführung	Belastungsgefüge
M. trapezius pars descendence	aktiv-passiv-statisch	Trainierender steht hüftbreit, Arme hängen locker nach unten. Der Kopf neigt sich maximal weit auf eine Seite, um die Dehnung zu unterstützen wird der Arme der gedehnten Seite angespannt und die Handfläche dorsal angezogen. Trainierender hält diese Position für 45sec, wechselt dann die Seite.	Dehndauer: 45sec Dehnintensität: Oberhalb der Dehngrenze Serienzahl: 3 Trainingshäufigkeit: 2 pro Woche
Schulterblattretraktoren	aktiv-statisch	Trainierender steht im Schulterbreiten	Dehndauer: 45sec Dehnintensität: Ober-

		Stand; Die Hände werden mit den Finger ineinander verschränkt; Jetzt streckt der Trainierende die Arme maximal weit nach vorne, so dass der Arm horizontal zu Schulter steht; Um die Dehnung zu intensivieren wird nun der Nacken auf Höhe der Schulter nach vorne gebracht; Dehndauer pro Satz 45sec, danach kurz lockern.	halb der Dehngrenze Serienzahl: 3 Trainingshäufigkeit: 2 pro Woche
M. triceps brachii	passiv-statisch	Trainierender steht hüftbreit. Ein Arm wird senkrecht nach oben gestreckt, Unterarm nach hinten fallen lassen, sodass die Handfläche auf den Schulterblättern anliegt. Jetzt greift der andere Arme über Kopf den Ellbogen des gestreckten Armes und zieht in seine Richtung zurück. Hier ist die Dehnung im Tri-	Dehndauer: 45sec Dehnintensität: Oberhalb der Dehngrenze Serienzahl: 3 Trainingshäufigkeit: 2 pro Woche

		ceps zu spüren. Das ganze 45sec halten, anschließend mit der anderen Seite.	
M. pectoriales major	aktiv-dynamisch	Trainierender steht hüftbreit. Die Oberarme werden parallel zur Schulter seitlich weggestreckt. Jetzt werden die Oberarme so gedreht, dass es möglich ist, die Unterarme im 90° Winkel nach oben zu strecken. Für die Dehnung die Arme maximalweit nach hinten bewegen bis eine deutliche Dehnung im Brustbereich spürbar ist. Das Ganze zwei Sekunden halten, anschließend die Arme wieder zurück in die Parallele zum Schultergürtel bringen, für 2 sec lockern und wieder in die Dehnung.	Dehndauer: 15Wdh; 2sec Dehnung, 2sec Entsapnnung Dehnintensität: Dehnschwelle Serienzahl: 3 Trainingshäufigkeit: 2 pro Woche
Rumpfextensoren	aktiv-dynamisch	Proband kniet im Vierfüßler-Stand. Um die aktive Deh-	Dehndauer: 15Wdh.; 2sec Dehnung, 2sec Entspannung

		nung zu erreichen drückt der Proband seinen gesamten Rücken in einen deutlichen „Buckel", hält das 2 sec und bringt seinen Rücken wieder für 2 sec in die Normalposition zurück und anschließend wieder in die Dehnung.	Dehnintensität: Dehnschwelle Serienzahl: 3 Trainingshäufigkeit: 2 pro Woche
M. glutaeus maximus	passiv-statisch	Trainierender sitzt mit ausgestreckten Beinen auf dem Boden. Ein Bein wird angewinkelt. Der gegenüber liegende Ellbogen wird an die Außenseite des aufgestellten Beins gedrückt und zieht Richtung gestrecktes Bein bis eine Dehnung im Glutaeus spürbar ist. 45sec halten, dann die andere Seite.	Dehndauer: 45sec Dehnintensität: Oberhalb der Dehngrenze Serienzahl: 3 Trainingshäufigkeit: täglich
M. rectus femoris	passiv-postisometrisch	Trainierender geht in den Ausfallschritt, wobei auf dem hinteren Bein	Dehndauer: 60sec Dehnintensität: Oberhalb der Dehngrenze Serienzahl: 3

10

		gekniet wird. Zudem wird das hintere Bein soweit nach hinten gestellt, bis eine Dehnung im M. rectus femoris zu spüren ist. Jetzt greift der Trainierende mit einer Hand das Sprungelenk des hinteren Fußes und zieht es Richtung Gesäß. Der Trainierende spannt für 10sec das zu dehnende Bein an, anschließend entspannt er die Zielmuskulatur, jetzt wird die Dehnposition für 20sec im Bereich der Dehnschwelle gehalten, danach erneut für 10sec angespannt und wieder entspannt. Das Ganze wiederholt der Trainierende mit dem anderen Bein.	Trainingshäufigkeit: täglich
Mm. ischiocurales	aktiv-passiv-statisch	Trainierende liegt auf einer Matte, beide Beine ausge-	Dehndauer: 45sec Dehnintensität: Oberhalb der Dehngrenze

		streckt, der Schultergürtel fixiert. Ein Bein im Liegen anspannen und den Fuß in Dorsalflexion bringen; Das andere zu dehnende Bein wird mit beiden Armen umgriffen und gestreckt Richtung Brustkorb bis hin zur Dehngrenze gebracht. 45sec halten; Dann lockern und die andere Beinseite dehnen;	Serienzahl: 4 Trainingshäufigkeit: täglich
Hüftgelenksadduktoren inkl. M. gracilis	passiv-statisch	Trainierender sitzt auf dem Boden, Beine gerade weggestreckt, Rücken gerade. Jetzt spreizt der Trainierende beide Beine soweit ab, sodass er eine Dehnung innerhalt der Adduktoren in Bereich der Dehngrenze spürt. Sollte dass einfache Auseinander bringen der Beine keine Dehnung in der gewünschten Stärke	Dehndauer: 45sec Dehnintensität: Oberhalb der Dehngrenze Serienzahl: 4 Trainingshäufigkeit: täglich

		erreichen, so kann der Trainierende seinen Oberkörper mit gerader Haltung leicht nach vorne bewegen. Dehnung 45sec halten.	
Mm. triceps sorae	passiv-statisch	Trainierender steht an einer Wand, stellt den Fußballen des einen Beins an die Wand, auf dem anderen Bein wird locker gestanden. Im zu dehnenden Bein sollte eine Dehnung bis zur Dehngrenze spürbar sein. Gehalten wird das ganze 45sec, anschließend die andere Seite.	Dehndauer: 15Wdh.; 2sec Dehnung, 2sec Entspannung Dehnintensität: Oberhalb der Dehngrenze Serienzahl: 3 Trainingshäufigkeit: 2 pro Woche

3.2 Begründung Trainingsplanung Beweglichkeitstraining

In Betrachtung der Beweglichkeitstestung sind innerhalb des Beweglichkeitstrainings Übungen enthalten, die den kompletten Körper befassen sollen. Jegliche Übungen die Muskulatur im Bereich des Hüftgelenks und Oberschenkel beanspruchen sind nach dem Maximal-Prinzip gestaltet (d.h. der Trainierende wiederholt diese Übungen täglich). Aus dem Grund, da hier die größten Defizite in der Beweglichkeit vorhanden sind. Um ihm hier das Training zu erleichtern sind diese Übungen auf statisch gewählt. Alle anderen Muskelgruppen werden nach dem Minimalprinzip trainiert. Zweimal die Woche á 3 Sätze um die Beweglichkeit gemächlich zu verbessern bzw. beizubehalten. Aktive Dehnübungen sollen dem Probanden mehr Alltagsbezug geben. Im Bereich des Belastungsgefüges arbeitet der Trainierende oberhalb der Dehngrenze um die Dehneffekte deutlich höher ausfallen zu lassen. (modifiziert nach Marschall, 1999, S. 8). Grundsätzlich dient der Beweglichkeitstrainingsplan zur Abnahme von Muskelverspannungen, zur Vergrößerung der Bewegungsreichweite, zur Verletzungsprophylaxe sowie um die sportliche Leistungsfähigkeit zu erhöhen (Schönthaler & Ohlendorf, 2002, S.29; Klee, 2006a, S.46).

4 Trainingsplanung Koordinationstraining

4.1 Trainingsplanung Koordinationstraining

Tab. 4: Koordinationstraining

Übungsname	Ausführung	Belastungsgefüge
Linienstand mit gestreckten Armen	Trainierender steht im Linienstand gleichbleibend am selben Punkt und streckt beide Arme nach vorne weg, sodass Handgelenke und Schultern auf einer Höhe sind.	Belastungsdauer: 30sec Sätze: 3 Satzpausen: 30sec Trainingshäufigkeit pro Woche: 2
Linienstand mit gestreckten Armen und geschlossenen Augen	Trainierender steht im Linienstand gleichbleibend am selben Punkt und streckt beide Arme nach vorne weg, sodass Handgelenke und Schultern auf einer Höhe sind. Jetzt schließt der Trainierende seine Augen.	Belastungsdauer: 20sec Sätze: 3 Satzpausen: 30sec Trainingshäufigkeit pro Woche: 2
Einbeiniger Stand mit gestreckten Armen	Trainierender steht auf einem Bein, das andere Bein ist hüfthoch im 90° Winkel angezogen, die Arme werden Parallel zur Schulter nach vorne weggestreckt.	Belastungsdauer: 30sec Sätze: 3 Satzpausen: 30sec Trainingshäufigkeit pro Woche: 2
Einbeiniger Stand mit gestreckten Armen und ge-	Trainierender steht auf einem Bein, das andere	Belastungsdauer: 20sec Sätze: 3

schlossenen Augen	Bein ist hüfthoch im 90° Winkel angezogen, die Arme werden Parallel zur Schulter nach vorne weggestreckt. Jetzt schließt der Trainierende seine Augen und hält die Position.	Satzpausen: 30sec Trainingshäufigkeit pro Woche: 2
Einbeiniger Stand mit geschlossenen Augen, Bein schwenken	Trainierender steht auf einem Bein, das andere Bein hängt locker nach unten, sodass es den Boden nicht berührt, die Arme hängen ebenso locker nach unten. Jetzt schließt der Trainierende seine Augen und beginnt mit dem freien Bein zu schwingen.	Belastungsdauer: 20sec Sätze: 3 Satzpausen: 40sec Trainingshäufigkeit pro Woche: 2
Schlussstand auf Bose Ball	Trainierende steht im Schlussstand auf dem Bose Ball. Die Arme hänge n hierbei locker nach unten.	Belastungsdauer: 30sec Sätze: 3 Satzpausen: 30sec Trainingshäufigkeit pro Woche: 2
Schlussstand auf Bose Ball mit geschlossenen Augen	Trainierende steht im Schlussstand auf dem Bose Ball. Die Arme hänge n hierbei locker nach unten. Jetzt werden die Augen geschlossen und die Position versucht zu halten.	Belastungsdauer: 20sec Sätze: 3 Satzpausen: 40sec Trainingshäufigkeit pro Woche: 2
Einbeiniger Stand auf Bose Ball	Trainierender steht mit einem Bein auf dem Bose Ball, das andere Bein ist hüfthoch im 90° Winkel	Belastungsdauer: 20sec Sätze: 3 Satzpausen: 40sec Trainingshäufigkeit

	angezogen. Position wird gehalten, anschließend die Seite gewechselt.	pro Woche: 2
Einbeiniger Stand auf Bose Ball, Bein schwenken	Trainierender steht mit einem Bein auf dem Bose Ball, das andere Bein hängt locker nach unten, sodass es den Ball nicht berührt, die Arme hängen ebenso locker nach unten. Jetzt beginnt der Trainierende das lockere Bein zu schwingen. Anschließend Seitenwechsel.	Belastungsdauer: 15sec Sätze: 3 Satzpausen: 60sec Trainingshäufigkeit pro Woche: 2
Kniebeuge auf Bose Ball	Trainierender steht hüftbreit auf dem Bose Ball und geht in die Kniebeuge Position. Drückt sich anschließend wieder aus der Position hoch.	Belastungsdauer: 15sec Sätze: 3 Satzpausen: 60sec Trainingshäufigkeit pro Woche: 2

4.2 Begründung Trainingsplanung Koordinationstraining

Der Trainierende erhält ein Koordinationstraining kombiniert mit relativ einfachen Übungen bis hin zu koordinativ anspruchsvolleren Übungen. Da der Proband nur selten Koordinatives Training absolviert, startet der Plan mit einfachen Standübungen auf dem Boden. Im Laufe des Planes werden Übungen mit dem Bose Ball eingebaut um die Trainingsintensität gut zu erhöhen. Da der Bose Ball recht anspruchsvoll ist, reduziert sich die Belastungsdauer bei diesen Übungen und die Pausen erhöhen sich. Das Koordinationstraining soll dazu dienen, die Bewegungsabläufe des Probanden zu optimieren, sowie die Bewegungsökonomie zu verbessern. Außerdem hat Koordinationstraining das Ziel, die spezifische sportliche Leistungsfähigkeit zu erhöhen, was eines der Hauptziele des Probanden ist (Hollmann & Hettinger, 2002).

5   Literaturrecherche

5.1   „Muskeldehnung zur Leistungsverbesserung im Sprint" von Klaus Wiemann, Andreas Klee

Tab. 5: Studieninhalte „Muskeldehnung zur Leistungsverbesserung im Sprint"

Studienleiter	Bundesinstitut für Sportwissenschaft
Studienpublikation	1991
Versuchspersonenbeschreibung	Probanden waren 32 männliche Sport-Studierende der Bergischen Universität Wuppertal.
Versuchsaufbau	Für die Testung des Dehnens auf die Sprintleistung, wurden als Vortest (nach einem 15 min dauernden Auf-wärmprogramm ohne Dehnübungen) zwei Kurzsprints im Abstand von 5 min durch-geführt. Sprintausführung in der Halle aus aufrechter Startposition. Mit Doppellicht-schranken an der 5m-Marke sowie an der 40m Marke, mit digitaler Zeitmessung auf 1/1000 s genau. Zusätzlich war eine Aus-laufzone von 15m gegeben. Nach dem Vortest absolvierten die Versuchsperso-nen entweder ein 15 min dauerndes Dehn-programm für die Hüftbeugemuskulatur (Beuger-Dehn- Gruppe DB) oder ein 15 min dauerndes Dehnprogramm für die Hüftstreckmuskulatur (Strecker-Dehn-Gruppe DS) oder ein 15 min dauerndes leichtes Dauerlaufen (Kontrollgruppe L). Unmittelbar nach der Behandlung wurden als Nachtest zwei Kurzsprints unter den gleichen Bedingungen wie im Vortest durchgeführt. Die Probanden durchliefen an drei Tagen im Abstand von einer Woche je eine der unten genannten Behandlungen.
Ergebnisse/Schlussfolgerungen	Als Hauptergebnis zeigte sich im Nachtest

	in den drei Gruppen erhöhte Sprintzeiten.
	Unter der Verwendung der Minimalzeit von 1. und 2. Lauf unterscheiden sich die Nachtest-Ergebnisse der beiden Dehn-Gruppen (DB und DS) sehr signifikant von den Vortest-Ergebnissen, wobei sich die Sprintleistung um 0,14 s verschlechterte, während sich die Minimalzeit in der Kontrollgruppe (L) nicht veränderte. Auch beim Vergleich des jeweils ersten Laufes findet sich im Nachtest in allen drei Gruppen eine längere Sprintzeit. Nur beim Vergleich des jeweils zweiten Laufes zeigten lediglich die Dehn-Gruppen im Nachtest verlängerte Sprintzeiten, wohingegen die Kontrollgruppe keine signifikante Veränderung der Sprintzeit erkennen lässt.

5.2 „Dehnen und Leistung – primär psychophysiologische Entspannungseffekte?" von J.Wiemeyer

Tab. 6: Studieninhalte „Dehnen und Leistung – primär psychophysiologische Entspannungseffekte?"

Studienleiter	Institut für Sportwissenschaft
Studienpublikation	Deutsche Zeitschrift für Sportmedizin, 2003
Versuchspersonenbeschreibung	14 Erwachsene weibliche und männliche Probanden (Alter: M=21 Jahre; Größe: M= 174 cm; Gewicht: M=66 kg; 6 Frauen und 8 Männer).
Versuchsaufbau	Die beteiligten Muskelgruppen eines Vertikalsprungs, der M. glutaeus maximus, der M. quadriceps femoris und der M. gastrocnemius wurden beidseitig, jeweils dreimal für 20 Sekunden, passiv-statisch gedehnt. Vor und nach dem statischen Dehnen bzw. einer Pause wurde ein Standhoch-

	sprung mit frei wählbarer Ausholbewegung durchgeführt. Die Probanden wurden an zwei Tagen getestet an einem der Tage einmal nach einem Aufwärmen mit Dehnen bzw. nach einem Aufwärmen mit Entspannung.

Unter jeder Testbedingung wurden jeweils vier Sprünge durchgeführt, wobei der Mittelwert der vier Sprünge in die statistischen Analysen einbezogen wurde.

Vor und nach einem fünfminütigen standardisierten Aufwärmen (Lauf- und Sprungübungen) wurden jeweils vier Standhochsprünge absolviert. Danach wurde entweder ein sechsminütiges statisches Dehnen (Tag 1: 3 Muskeln, jeweils dreimal, 20s Halten) oder ein sechsminütiges Entspannungsprogramm (Tag 2. meditative Atementspannungsübung mit Musik und Text im Droschkenkutschersitz auf einem Stuhl) durchgeführt. Nach dem Dehnen bzw. der Entspannung wurden weitere vier Sprünge absolviert. |
| Ergebnisse/Schlussfolgerungen | Das Aufwärmen führt an beiden Untersuchungstagen zu einem signifikanten Anstieg der Sprunghöhe. Die nach dem Aufwärmen realisierte Sprunghöhe sank nach statischem Dehnen um durchschnittlich 2.6%. Nach dem Dehnen war bei 12 Versuchspersonen und nach der Entspannung bei 10 Versuchspersonen ein Abfall der Sprunghöhe nachzuweisen. |

6   Literaturverzeichnis

Marschall (1999). *Verbesserung der Winkelgrade zwischen Vortest (VT) und Nachtest (NT) bei der maximalen Hüftgelenkflexion bei verschiedenen Dehnintensitäten.* S.8. ..13

Schönthaler & Ohlendorf (2002). *Effekte von Dehntraining.* S.29. 13

Klee A. (2006a). *Effekte von Dehntraining.* S.46. 13

Hollmann W., Hettinger T. (2002). *Sportmedizin – Grundlagen für Arbeits- Trainings- und Präventivmedizin* 16

Wiemann, K., Klee, A. (2002), *Muskeldehnen zur Leistungsverbesserung im Sprint.* Zugriff am 05.05.2017. Verfügbar unter http://www.biowiss-sport.de/wp-content/uploads/2015/02/despri.pdf 17

Wiemeyer, J. (1991), *Dehnen und Leistung – primär psychophysiologische Entspannungseffekte?.* Zugriff am 05.05.2017. Verfügbar unter http://www.zeitschrift-sportmedizin.de/fileadmin/content/archiv2003/heft10/a03_10_03.pdf 18

7   Tabellenverzeichnis

7.1   Tabellenverzeichnis